문학과지성 시인선 390

하루 또 하루

김광규 시집

문학과지성사

문학과지성사에서 펴낸 김광규의 시집

우리를 적시는 마지막 꿈(1979)
아니다 그렇지 않다(1983)
크낙산의 마음(1986)
좀팽이처럼(1988)
아니리(1990)
물길(1994)
가진 것 하나도 없지만(1998)
누군가를 위하여(2001, 시선집)
처음 만나던 때(2003)
시간의 부드러운 손(2007)
오른손이 아픈 날(2016)
안개의 나라(2018, 시선집)

문학과지성 시인선 390
하루 또 하루

초판 1쇄 발행 2011년 3월 24일
초판 4쇄 발행 2020년 8월 26일

지은이 김광규
펴낸이 이광호
펴낸곳 ㈜**문학과지성사**

등록번호 제1993-000098호
주　　소 04034 서울 마포구 잔다리로7길 18(서교동 377-20)
전　　화 02)338-7224
팩　　스 02)323-4180(편집)　02)338-7221(영업)
전자우편 moonji@moonji.com
홈페이지 www.moonji.com

ⓒ 김광규, 2011. Printed in Seoul, Korea

ISBN 978-89-320-2195-9 03810

이 책의 판권은 지은이와 ㈜**문학과지성사**에 있습니다.
양측의 서면 동의 없는 무단 전재 및 복제를 금합니다.

문학과지성 시인선 390
하루 또 하루

김광규

2011

시인의 말

열번째 시집을 펴낸다.

대략 2007년 여름부터 4년 가까이
발표한 작품들을 모은 것이다.

십진법의 기수에 1을 더한 숫자 10은 두 자리 수가
시작되는 출발점이기도 하다.

그러면 새로 떠나야 할 시점에 온 것인가.
헌 신발 끈을 다시 조여 맨다.

2011년 봄
김광규

하루 또 하루

차례

시인의 말

제1부 푸르미

뿌리의 기억　11
푸르미　12
솔벌터 소나무 숲　14
능소화　16
나 홀로 집에　17
할머니 손길　18
나무의 기척　19
저녁나절　20
가을 나비　21
청설모 한 마리　22
봄 소녀　24

제2부 빨래 널린 집

빨래 널린 집　27
녹취록　28
좁은 문　29
교대역에서　30
물뫼의 집　31

술병 32
침묵의 나이 34
전망 좋은 방 35
다섯째 누나 36
고요의 모습 37
파리 떼 38
호모 에렉투스 39
생선 장수 오는 날 40
잘못 다닌 길 42
빈집 44

제3부 굴삭기의 힘

좀도둑처럼 47
이른모에게 48
굴삭기의 힘 50
나뉨 51
곰의 포옹 52
인수봉 바라보며 54
인문 지리는 잘 모르지만 56
그 울던 아기 58
콕콕 꾹꾹 60
창피한 사이 62
가난의 용도 64
시체는 차갑다 66
그들의 내란 68

제4부 다리 저는 외국인

고려의 남서쪽 71

낯선 간이역 72

옛 절 74

향나무 한 그루 76

남해 푸른 물 77

원 달러 78

시칠리아의 기억 80

지중해 항로 82

선상 박물관 84

해변의 공항 86

아이제나흐 가는 길 87

동굴 주점 에스터하지 88

와인 코너에서 90

나이아가라 92

다리 저는 외국인 94

제5부 쉼

쉼 97

어둠이 손짓하던 날 98

갚을 수 없는 빚 100

하루 또 하루 2 101

위험한 마음 102

꿈속의 엘리베이터 104

회색 사진첩 106

미백 영전에 108

바닷가 무덤 112
어제가 되어버린 오늘 113
종심(從心) 114
물기2 116
몰년(沒年) 118

해설 | 약한 존재의 시학 · 김태환 119

제1부 푸르미

뿌리의 기억

땅속이 캄캄해 너무나
답답해 도저히 견딜 수 없어
저 굵은 소나무 뿌리들
슬며시 땅 밖으로 다리를
내밀었을까 처음 보는 햇빛
눈부셔 움찔 멈추는 순간 그대로
우불꾸불 굳어버렸을까 아니면
땅 밖으로 가출한 뿌리들
땅속으로 다시 불러들이기를
저 늙은 소나무가 잊어버린 것일까
등산객들에게 밟혀 반들반들
닳아버린 소나무 뿌리들
땅 위의 가벼움 참을 수 없어
끝내 땅속으로 되돌아가버린
뿌리들의 사춘기가 잠깐 땅 위의
기억으로 남은 듯

푸르미

환하게 빛나는 이마
갸름하게 옆으로 째진 눈
쌍꺼풀 수술하지 않았네
동글납작한 코
삐죽하게 높이지 않았네
웃으면 덧니 한 개
교정하지 않았네
혈색 좋은 뺨에 여드름 몇 개
검은 머리카락에 가려진 귓밥
구멍 뚫지 않아
복스럽네
다리는 기린처럼 길지 않고
다부진 몸매
싱싱한 살내음
수수한 옷차림새
넘치는 활기
일부러 뜯어고치고
요란하게 화장하지 않았어도

저절로 풍겨 나오네
싱그러운 아름다움
그대로 푸르른 젊음이라네

솔벌터 소나무 숲

뒷동산 솔벌터 소나무 숲에
곧게 자란 소나무 한 그루도 없네
쓸 만한 재목 하나도 없네
동쪽으로 비스듬히 휘어진 소나무
가지들 서쪽으로 남쪽으로 갈라졌다가
북쪽으로 퍼져 나가고
위로 뻗어 올라갔다가
눈 많은 겨울의 무게 못 견뎌
아래로 뚝 꺾여 흔들리지만
그래도 청록색 솔잎 변함없이
살아 있네 백 년 가까이
나이 든 몸통과 가지와 바늘잎
수직도 아니고 수평도 아니고
제멋대로 구불구불 자라 올라간
더러는 밑동부터 두 줄기 세 줄기로 갈라져
커다란 다박솔처럼 퍼져 나간
늘 푸른 조선 소나무들
보기에는 운치 있어도

기둥이나 서까랫감으로 쓸 수는 없다네
덕분에 벌목당하지 않고 오늘까지
살아남아 솔벌터 소나무 숲 이루었네
숲을 지나가는 바람 소리
마음의 귀 씻어주고
흔들리는 소나무 우듬지
눈 비비듯 아른거리네
보름달 품었다가 둥그렇게
하늘로 띄워 보내는 뒷동산
병풍 같은 솔벌터 소나무 숲에
곧게 자란 소나무 한 그루도 없네

능소화

7월의 오후 골목길
어디선가 해피 버스데이 노래를
서투르게 흉내 내는
바이올린 소리
누군가 내 머리를 살짝 건드린다
담 너머 대추나무를 기어올라가면서
나를 돌아다보는
능소화의
주황색 손길
어른을 쳐다보는 아기의
무구한 눈길 같은

나 홀로 집에

복실이가 뒷다리로 일어서서
창틀에 앞발 올려놓고
방 안을 들여다본다
집 안이 조용해서
아무도 없는 줄 알았나 보다
오후 늦게 마신 커피 덕분에
밀린 글쓰기에 한동안 골몰하다가
무슨 기척이 있어
밖으로 눈을 돌리니
밤하늘에 높이 떠오른
보름달이 창 안을 들여다본다
모두들 떠나가고
나 홀로 집에 남았지만
혼자는 아닌 셈이다

할머니 손길

할머니가 오랫동안 가꾸다 남겨주신
게발선인장 어느 틈에
백자 화분에서 무릎만큼 자랐네
안방 구석 머리맡에서 지금도
우리의 눈 서늘하게 식혀주고
부드러운 향내음 잠 속의 길 밝혀주네
돌아가신 지 어느새 십수 년
따뜻한 손길 아직도 우리 곁에 머물러
몇 대째인가 아득한 손주들
밤낮으로 돌보아주시는 듯

나무의 기척

댓돌에 한 발 올려놓고
헌 신발 끈 조여 매는데
툭
등 위로 스치는 손길
여름내 풍성했던 후박나무 잎
커다란 낙엽이 되어 떨어지는
가을 나무의 기척

저녁나절

썰물이 빠진 뒤
뭍으로 길게 닻을 던진 채
개펄 바닥에 주저앉아 나른한
오후를 보내고 있는 거룻배들
정물로 머무는 동안 소금의
하얀 발자국 조금씩 드러날 때
말나루 먼 바다에서 아련히
밀물 들어오는 소리
갈대숲 어느새 물에 잠기고
물새들 날카롭게 지저귀고
잠에서 깨어난 거룻배들
물 위로 떠오르고
황혼의 냄새 불그스레 번져갈 때
조약돌처럼 널린 땅 위의 기억들
적시며 밀려오는 파도
어두워가는 여생의 하루

가을 나비

광장 가설무대의 조명과 소음이
참을 수 없이 망막과 고막을 찢어대는 저녁
시청 앞 광장 잔디밭에서 마주친 그
노시인은 온기 없는 손으로
악수를 건넸다
걷기조차 힘든 육신을 무겁게 끌고
어둠 속으로 천천히 멀어지는 모습
되돌아보니 50년 전에 산
책 한 권 이제는 겉장이
너덜너덜 해진 그의 시집
서명이라도 받아둘 것을
싸늘한 늦가을 밤 낙엽처럼
떨어질 듯 자칫 땅에 닿을 듯
힘겹게 날아가버린 가을 나비

청설모 한 마리

청설모 두 마리
고은산에 살았다
우람한 소나무 줄기 타고 올라가
앞발로 솔방울 뱅뱅 돌리며
갉아 먹고 산자락 마을에 내려와
음식물 쓰레기도 주워 먹었다
통통하게 살이 오른 한 놈은
이 나뭇가지에서 저 나뭇가지로 옮겨
뛰다가 떨어져
살쾡이에게 잡아먹힌 듯
수놈일까 암놈일까
청설모 한 마리
살아남은 것
산책 길에 보았다
의주로와 모래내길과 연희로 사이에
고층 아파트로 둘러싸여
비좁은 삼각주처럼 남아 있는 산
들어올 수도 나갈 수도 없는

도심의 작은 산에 갇혀서
청설모 한 마리
외롭게 산다

봄 소녀

가을이 깊어가며 갈잎나무들
하나씩 둘씩 잎 떨구기 시작하네
뿌리 박은 땅 덮어주려는 듯
추워질수록 서둘러 옷을 벗네
마침내 그들의 낙엽으로 대지를
두둑이 덮고 알몸으로
수천 개 수만 개 팔을 벌리고 서서
눈 비 바람 맞으며
혹독한 추위를 견디네
순교자 같은 갈잎나무들 모습
거룩하고 아름다워
멀리서 몸을 숨긴 채
조촘조촘 다가오는 봄 소녀

제2부 빨래 널린 집

빨래 널린 집

산책 길 옆에 퇴락한 기와집
오늘도 비어 있는 듯
마당과 옥상에 널어놓은
얼룩덜룩 빨래들
늘어난 셔츠와 해진 바지
빛바랜 치마와 꼬마 팬티
크고 작은 양말 들이
가끔 바람에 흔들리며
빈집을 지키고 있다
주인은 어디서 고단한 하루를 견디는지
애들은 어느 아가 방에 맡겨놓았는지
낮에는 알 수 없지만
저녁때는 단촐한 식구들
모여서 살고 있는 듯

녹취록

지금까지 한 말을 모조리
되돌려 들려준다면
그보다 더 큰 고통은 없을걸
모든 변명 필요 없어
더 이상 말하기 힘들걸
사람의 마지막 말
부끄럽다는 한마디
또는 녹취할 수 없는
침묵밖에 없을걸

좁은 문

이 세상 들어오는 문
너무 비좁아
아픔에 자지러지듯
울음 터뜨리며
태어납니다
연녹색 새싹 돋아나던 날
젊음 짙푸르던 시절
아름다운 순간들 불꽃처럼 사라지고
차츰 흐려지는 앞날
슬픈 시간으로 다가옵니다
가장 확실한 미래는 나이테
한가운데로 조여드는 노년이지요
괴로움에 시달리며 한 발짝
두 발짝 걸어서
때로는 더듬더듬 기어서
그 보이지 않는 곳으로 다가갑니다
이 세상 좁은 문 겨우
빠져나갈 때까지

교대역에서

3호선 교대역에서 2호선 전철로
갈아타려면 환승객들 북적대는 지하
통행로와 가파른 계단을 한참
오르내려야 한다 바로 그 와중에
그와 마주쳤다 반세기 만이었다
머리만 세었을 뿐 얼굴은 금방 알아볼 수
있었다 그러나 서로 바쁜 길이라 잠깐
악수만 나누고 헤어졌다 그것이
마지막이었다 다시는 만날 수
없었다 그와 나는 모두
서울에 살고 있지만

물뫼의 집

오랜만에 다시 찾아온 물뫼의 집
검은색 현무암 화산석으로
얼기설기 쌓아놓은 돌담
옛날 그대로 있네 제주도
바람 아무리 세차게 불어도
절대로 쓰러지지 않는 돌담
돌멩이 사이로 숭숭
구멍이 뚫려 있기 때문이라네
사람들 사이도 이와 같아서
두고두고 만나볼 때마다
반갑고 즐거운 마음
바다처럼 가득하고 푸근하네
파도처럼 끝없이 몰려오네

술병

건강증진센터의 진단과 처방을
미루고 미루다가 마침내
술을 끊었다
지나간 반세기 동안 즐겨온 술을
끊어버리자
술 마시던 나와
술 끊은 나 사이에
새로운 싸움이 시작되었다
두 개의 나 가운데
어느 쪽도 편들 수 없어
괴롭다
오랫동안 술 마셔온 나는
이미 늙고 병들었으니 불쌍하고
얼마 전에 술 끊은 나는
아직 어리니까 손자처럼 귀엽다
하지만 이 둘 사이에서 시달리다가
몸과 마음이 갈라져 나는
결국 쓰러지고 말 것 같다

쓰러져 건강하게 살기는
더욱 힘들 터인데

침묵의 나이

침묵을 모르던
손주들이 어느새 사춘기 맞아
말수가 줄어들고
청순한 고뇌에 빠졌다
헤아릴 수 없는 미래를 더듬는 모습
옆에서 보기에 안쓰럽다
젊은 날들 이렇게 푸릇푸릇 피어나는데
사랑이 가버린 지 오랜 어르신들
경로당에 모여 앉아 온종일
고스톱 치고 음량을
한껏 높여 닐리리 맘보 열창한다
젊음이나 늙음이나 두 개의 받침으로
시작되는데 막다른 나이에 부르는
노래 듣기에 민망스럽다
전철역 노숙자들의 침묵은
들리지 않고

전망 좋은 방

맑은 하늘 짙푸른 소나무 숲 아래
아름다운 2층 박공집
흘러가는 강물을 굽어보는
전망 좋은 창문에서
아무도 내다보지 않았다
비워두기에는 너무나 아까운 집
아무도 살지 않는지
비둘기처럼 날아올라가 창문을
들여다보니 방 안은 난장판이었다
먼지 쌓인 책 더미와 오래된 신문지와 찌그러진 라면 상자 들
뚜껑 없는 주전자 나뒹굴고 먹다 만 음식 널린
방바닥에 남루한 옷 덩어리 한 뭉치
누군가 홈리스처럼 웅크린 채
코를 골며 자고 있었다
천치 아니면 천재일 것이다
휠덜린*도 만년에 저랬을지 모르지만

* 독일의 시인 프리드리히 휠덜린(1770~1843). 생의 후반기를 정신착란 상태에서 폐인으로 살았음.

다섯째 누나

3남 4녀의 막내아들로 태어나
어머니 일찍 여의고
아줌마 같은 손위 누나들 틈에서 자랐다
어느새 나도 늙었고 이미
몇몇 형과 누나는 세상을 떠났다
어느 날인가 노각 오이 같은 영감태기에게
잔소리하는 노처의 얼굴 쳐다보니
문득 둘째 누나 모습이 떠올랐다
김치 맛있게 담그고 바느질 잘하고
부지런한 살림꾼이었던 그 누나가
막내 동생 야단치던 때와 똑같다
나이 들면서 또 하나 깨닫느니
마누라가 늙으면 누나가 되는구나

고요의 모습

창밖으로 백련산 검푸른
숲 보인다
하늘과 맞닿은 밋밋한 산등성이
나뭇가지들 바람에 손짓한다
뻐꾸기 꾀꼬리 멧비둘기 우는
소리 동네까지 들려오고
서늘한 숲 기운
백포도주 취기처럼 스며든다
바람 자는 날에는
고요가 어떻게 생겼는지
보이기도 한다
병실에서 혼자
또는 산과 함께 있노라면
오랫동안 헤매던 숲과 계곡에
숨겨진 세월의 뒷모습
떠오른다 그동안
얼마나 먼 곳을 방황했나
나는 지금 여기 이렇게
있을 뿐인데

파리 떼

아물지 않은 상처가 있으면
금방 몰려든다
쫓으면 저만치 날아갔다가
다시 환부에 내려앉는다
맛있는 음식이나
사자의 짓무른 눈자위나
역겨운 냄새 썩은 쓰레기나
가리지 않고 몰려드는 파리 떼처럼
사람을 괴롭히는 것들
파리채로 쫓아버릴 수 없는
그 사악한 무리들과 더불어 살아가며
우리는 눈을 돌려 먼 곳을 바라보는
참을성을 조금씩 배운다
이것도 쌓이면 지혜가 될까

호모 에렉투스

반투명 커튼 바깥으로 얼핏 보였다
앞발로 전신주를 감싸 안고
뒷발로 아래쪽을 밀면서
기둥을 기어올라가는 원숭이
손은 하얗고 몸뚱이는 까맣다
어느 집 애완동물이 도망쳤나
깜짝 놀라서 커튼을 젖히니
검은 작업복에 흰 장갑을 낀 전기공이
변압기를 고치러 올라가고 있었다
착각할 만큼 비슷하구나
기둥을 기어올라가는 호모 에렉투스
안전모를 쓴 머릿속만 다를 뿐
뇌졸중으로 갑자기 쓰러질 때만 다를 뿐
직립원인의 후예답게 건강한
동물로 살고 싶은 순간이었다

생선 장수 오는 날

소형 화물차에 확성기를 장착한
생선 장수가 나타나면 순식간에
온 동네가 시끄러워집니다 집집마다
담을 넘고 창문을 열고 각종 해산물이
쳐들어옵니다 참조기 아구 꽃게 병어 도다리 홍합
가오리 주꾸미를 앞세우고 생선들이
앞을 다투며 몰려옵니다 임연수 가자미
여섯 마리에 5천 원*
생태 갈치 먹갈치 세 마리에 5천 원
오징어 속초 오징어 네 마리에 5천 원
참치 한 마리에 2천 원
꽁치 다섯 마리에 2천 원
낙지 산낙지 두 마리에 5천 원
싱싱한 동태 두 마리에 4천 원
고등어 생고등어 다섯 마리에 4천 원
자반 두 손에 4천 원
왕조기 다섯 마리에 만 원……
80데시벨이 넘는 요란한 소리를 내면서

한 마리씩 또는 몇 마리 씩 물고기들이
꼬리를 치며 아가미를 불룩거리며
귓속으로 쑤시고 들어옵니다
해산물 이름이야 들을 만하지만
싸구려 생선 값을 견디다 못해
두 손으로 귀를 막으면
생선들은 갑자기 시체로 되돌아가고
행상 차는 매연을 뿜으며 사라집니다
시끄러운 확성기 소리 멀어져가고
메아리처럼 풍기는 생선 비린내
아무리 씻어도 없어지지 않습니다
천천히 죽어가는 우리들의 냄새처럼

* 환율: 1달러=1,044.46원 (2005.2.16)

잘못 다닌 길

우리 집에서 Y대학교까지는 걸어서 15분밖에 걸리지 않는다. 이 커다란 학교를 바로 옆에 두고, 서울에 살면서 나는 경기도에 있는 A대학교에 다녔다.

서부간선도로와 서해안고속도로를 승용차로 왕복 3시간 가까이 (일진이 나쁘면 4시간 이상) 걸려서 출퇴근했다. 길눈이 어둡고, 운전이 서투른 나에게는 언제나 교통이 가장 큰 문제였다.

10여 년 다니고 나서야 겨우 안양천을 따라가는 평행도로를 알게 되어, 교통이 막힐 때는, 광명시 외곽도로로 우회하기도 했다. 적어도 한자리에 오래 막혀 있지 않고, 천천히 움직인다는 심리적 안도감이 들기는 했지만, 이 길도 결코 빠르지는 않았다.

그래도 30년 가까이 이 길을 왕래하며, 교통사고 한 번 내지 않았으니, 그나마 다행이라고 할까.

어느 한가한 날, 신간 1/5000 도로교통대사전을 뒤적거리다가, 철산대교에서 서부간선도로 남단으로 내려가는 연결 도로를 발견했다. 이 길이 새로 생겼나, 아니면 이 길을 내가 모르고 있었나.

진작 알았더라면, 광명시로 돌지 않고, 안양천로에서 곧장 서해안고속도로로 옮겨 갈 수 있으니, 출퇴근 시간이 훨씬 짧아졌을지도 모른다.

하지만 이미 지나간 일, 약이 올라도 소용없다.

나만 그렇지도 않을 것이다.

교통처럼 예측할 수 없이 움직이는 삶, 뜻대로 조종할 수 없는 운명, 신호를 무시하고 질러갈 수 없는 길, 결국 내 몫의 시간과 거리를 꼬박 바치고, 수많은 에움길을 거쳐, 나는 지금 이곳까지 오지 않았는가. 언제 어디에 도착할지 아직도 모르면서……

빈집

아버지는 이미 30년 전에 작고하셨고
어머니 혼자 여생을 살다가 돌아가신 집
허물어져가는 시골집
추녀 아래 깨진 물독 하나
모두들 도시로 떠나버려 이제는
팔아버릴 수도 없는 집
아무도 살지 않지만
흉가처럼 그대로 내버려둘 수 없어
양철 지붕을 얹었다
거주하는 사람 없어도
재산세는 해마다 꼬박꼬박 나온다
본의 아니게 집 두 채 가진 죄인으로
늙어가는 고아의 가슴 한구석에서
짚불처럼 사그러지는 집

제3부 굴삭기의 힘

좀도둑처럼

좀도둑처럼 사방을 두리번거리며
산등성이 왕벚나무 밑에 얼른
유골 상자를 파묻었다
남모르게 흙을 덮고 그 위에
큰 돌 한 개 올려놓았다
소주를 마시며 잠깐
담배 몇 모금 빨고
일회용 플라스틱 잔과 새우깡 봉지를
그 앞에 버려둔 채 쫓기듯
동네로 달려 내려가
재빨리 골목길로 사라져버렸다
부모의 뼛가루 이렇게 갖다 버리고
이장비 챙긴 이 자식을
누군가 기억하고 있을지

이른모에게

홍제천 인공 폭포 아래서
꼭 끼는 청바지 입고 야구 캡 쓴
소녀가 갓난아기에게
젖 물리고 앉았다
거세게 쏟아져 내리는 물줄기를
미처 피하지 못해 소녀야
너무 일찍 젖어버렸구나
사랑놀이만 밝히고 아무도
애를 낳지 않는 시대에 귀여운
아기 엄마가 되어버린 소녀야
출산을 장려하는 보건복지부로부터
훈장 받아 마땅한 너의
모습 보기에 안쓰럽구나
지금은 비록 열대야에 잠 못 이루지만
일찍 심은 모에서
올벼를 거두리니 어린 엄마야
남들이 겨울을 두려워하기 전에
한가을은 이미 너의 것

모유로 건강한 아기 키우며
부디 보람찬 여름 나거라

굴삭기의 힘

하수관 교체 공사로 온 동네가 시끄럽다
공사 주역은 대형 포클레인
브레이커로 아스팔트 길바닥에 구멍을
뚫고 삭은 하수관을 쇠바가지로 걷어내어
덤프트럭에 옮겨 싣는다
새 하수관을 그 자리에 배열하고
수평을 맞춘 다음 그 위에
흙을 덮고 쇠바가지로 쿵쿵
눌러 다진다 이제
아스팔트 포장만 하면 끝이다
포클레인 혼자서 온갖 힘든 일
도맡아 하고 곁에서 인부 다섯이
삽과 비를 들고 시중을 든다
포클레인이 하루에 50만 원을 벌고
인부들은 일당 4, 5만 원을 받는다
비정규직 노동자들이다
자재 구입비와 쓰레기 수거비는 별도 계산하고
감리 비용은 관례에 따른다

나눔

소형 임대 아파트 주민들이
드나들지 못하도록
오고 가지 못하도록
주상복합 고층 아파트 입주자들이
통로를 막고
길에 철조망을 쳤다
그렇다
우리는 옛부터 나누어진 겨레
분단국가에서 살고 있다

곰의 포옹

어렸을 적 동물원에서
하얀 북극곰
그리즐리 갈색곰
보기 전부터 곰은
나의 친구였다
데리고 놀고
안고 자던
테디베어
안경 쓴 판다 곰
지리산에서 방생된
귀여운 반달곰
동물의 왕국 주름잡으며
물살 거센 개울가에서
연어를 잡아먹고
숲에서 벌꿀 따 먹던
불곰이
갑자기 돌아서서 달려들었다
느닷없이 포옹이라도 할 기세였다

곰의 가슴을 밀쳐내기도 전에
안짱다리 앞발에 얻어맞고
쓰러진 나는
M&A의 희생물이 되었다
다시 일어설 수 있을까
살아날 수 있을까

인수봉 바라보며

청나라에 잡혀간 계집들
환향녀 되어 한양으로 돌아올 때
무악재를 넘기 전에
홍제천에서 목욕하면
더럽혀진 죄 묻지 않기로 했단다
외국의 침략에 무릎 꿇고
처자식도 지키지 못한
양반들이 만들어낸 편법 아닌가
임진왜란 때는 수십만
아녀자와 상민 들이 왜군에게
욕보고
목숨 잃고
귀를 잘렸다고 한다
20세기 접어들어 결국
나라를 통째로 잃어버리고
일제 강점 36년 동안
국어를 빼앗기고
이름까지 바꾸고

귀여운 딸들 위안부로 징발당하고
치욕스럽게 살아남은 조선인
후손이 누구인가
오욕의 역사 바로잡겠다
수많은 위원회 만들어놓고 이제 와서
감투 때문에 싸우는 사내들아
힘차게 우뚝 솟아오른 인수봉
볼 때마다 부끄럽지 않으냐

인문 지리는 잘 모르지만

로마제국이 흥성할 무렵 그 영토는
동쪽으로 중근동
서쪽으로 잉글랜드
남쪽으로 지중해 건너
북쪽으로 알프스 산맥 넘어
도나우 강과 네덜란드 국경의 크산텐까지
거의 유럽 전역에 이르렀다고 한다
서양어권에서는 20세기까지
라틴어를 필수과목으로 배웠고
동북아권의 한자처럼 오늘날도
라틴어 관용구가 자주 쓰인다
마피아 영화는 빼어놓는다 하더라도
이탈리아 음식과 포도주는
중국 음식 못지않게 세계 어디서나
사랑받지 않는가
그래도 로마제국 후예들이 아득한
선조들 찬양하고
역사를 억지로 고쳐가면서

옛날의 지배권 주장한다는 말
들어본 적 없다 비록
인문 지리는 잘 모르지만

그 울던 아기

인천공항을 떠나 프랑크푸르트까지
12시간을 날아가는 에어버스
젊은 백인 부부가 데리고 가는
머리카락 까만 아기가
끊임없이 보채고 울어댔다
키 큰 아빠가 안고 얼러도
다리 긴 엄마가 업고 달래도
사방을 두리번거리며 아기는
울음을 그치지 않았다
혹시 배가 고픈 것 아닐까
기저귀가 젖은 것 아닐까
옆자리 승객들이 몇 마디 거들었지만
바닥에 내려놓을 때만 잠깐
기어 다닐 뿐
지치지도 않고 슬프게 울어댔다
마침내 먼 나라에 착륙하자 그 아기는
새 부모와 함께 사라졌다
지금도 귓가에 들려오는 그 울음소리

잊히지 않는 그 까만 눈동자
고향을 떠나기 싫었던 그 어린 영혼

콕콕 꾹꾹

전화 다이얼 누르면 경쾌한
멜로디와 상냥한 여자 목소리
내선 번호를 눌러주세요
영업부는 1번
경리부는 2번
제작부는 3번······
이렇게 시작하여 시키는 대로
주민등록번호 비밀번호 온갖 숫자를
꾹꾹 눌렀어요
다이얼이 늦었으니 다시
걸어주세요 시키는 대로
다시 처음부터 시작해서
그 많은 숫자를
꾹꾹 눌렀지요
그래도 또 늦었다고 하네요······
숫자가 되어버린 침묵과 인내와 반복
아무 쓸모없어요
자동응답기의 재빠른 지시를

제대로 따라갈 수 없는
나의 느린 손
무딘 손가락……
몇 번이고 신속하게
접속을 차단하는 기막힌 서비스
갸름한 손끝으로 날쌔게
콕콕 누르지 못하면
모든 문의를 숫자로 바꾸게 할 뿐
아무 대답도 해주지 않는
완벽한 ARS

창피한 사이

좁은 길 마을버스는 너무 복잡해
타고 다니기 힘들어
시장 보는 아줌마들 짐 보따리 붐비고
노약자에게 자리 양보하는
젊은이도 드물지
손잡이에 몸 매달고 서 있는
할머니도 모른 척 버티고 앉아 끊임없이
문자질하던 아가씨
별 미용실 앞에서 내려
계속 핸드폰 걸면서
언덕길 올라가네
그런데 왜 우리 집 초인종을 누르나
안경 고쳐 쓰고 자세히 보니
어느 틈에 노랑머리 물들이고
핫팬츠 새로 사 입은
우리 딸내미 아닌가
전철이나 마을버스에 실려 다니는
우리 노틀은 바로 저 아이의

창피한
부모 아닌가

가난의 용도

달동네 좁은 골목 언덕길로
연탄을 날라다 주고
독거노인과 소녀 가장에게 남몰래
쌀과 김치 보내준
가난한 이웃들의 이름
아무도 모른다
빈민 운동가로 막사이사이 상을 타고
빈곤층 대변하던 그 국회의원
누구인가
우리는 알고 있다
빈민들의 처지가 너무 눈물겹다고
공표한 명망가도 있었다
중산층이나 부자보다 빈민들의 수효가
훨씬 많다는 사실을 일찍부터 알았던
의회주의자 그는
가난의 용도까지 속속들이 깨달은
뛰어난 정치인이었다
그렇다 누가 뭐라 해도 인간은

무리 지어 떠도는 불쌍한
정치적 동물 아니냐

시체는 차갑다

젊어서 죽어도
시체는 차갑다
만져보면 알겠지만
죽은 지 얼마 안 된
시신은 돌처럼 딱딱하지 않다
그리고 의외로 무겁다
들숨 날숨 잠시도 멈추지 않고
짧거나 길거나 한 목숨
담아온 몸뚱이 아닌가
뼈와 살 자모(字母)로 삼아
자음 두 개 ㅅ과 ㅊ
모음 두 개 ㅣ와 ㅔ
가볍게 키보드 눌러
온도 없는 활자들 조합하면 얼마든지
'시체'를 만들어낼 수 있다고
레고처럼 가지고 놀 수 있다고
믿는가 글쎄 자네도
언젠가 송장이 될 터인데

바로 자기였던 몸
남의 그림자처럼 밟아도 될지
마지막으로 침묵하는 시신을
시끄러운 요설로 훼손해도 될지
가장 확실한 자기의 미래를
장난 삼아 자르고 부수고 태워버릴 수 있을지
스스로 만져볼 수 없는 자기의 시체
속으로 들어갈 수 있는 척하지 말게
해골의 눈으로 본다면 지금
이곳도 아득한 전생이 되고 말 것을

그들의 내란

그들은 점령군처럼 쳐들어와
선량한 시민들을 처참하게 죽이고
관공서와 민가에 불을 지르고
상점과 사원을 약탈하고
계엄령을 선포했다
그러나 오래가지 못했다
스스로 해방군을 자처하는
무장 반란 세력이 진격해오자
패잔병이 되어 도주했고
또다시 살상 방화 약탈이 자행되었다
그들도 그러나 오래가지 못할 것이다
민족 자위대의 깃발 아래 새로운
무력 집단이 결성되었다는
소문이 퍼졌다……
우리는 관망하기로 했다
침묵했다 우리는
그들이 아니니까

제4부 다리 저는 외국인

고려의 남서쪽

바다 밑 난파선에서 800년
묵은 자단목(紫檀木)이 단단한
침향목(沈香木)으로 다시 태어났다
나무와 물과 흙이 그윽하게
어울린 긴 세월의 끝자락에서
잠시 발을 멈춘 곳
구름이 흘러가고
연꽃이 피어나고
학이 춤추는
청자매병(靑瓷梅甁) 앞이다
입 지름 5.1센티미터의 아가리 속에 아직도
12세기 고려의 술 향기 감돌고
거문고 소리 들려오는 듯

낯선 간이역

완행열차에 몸을 싣고
간이역마다 서며 가며
3시간쯤 달려왔다
경지 정리가 안 된 먼 시골
논밭을 지나
난간 없는 다리를 건너
도롱뇽이 많이 산다는
산자락을 빙 돌아서
터널을 통과하니 저 아래
눈 덮인 계곡 한가운데
초라한 교회 종탑이 서 있는 마을
낯선 간이역에 도착했다
승하차 여행객도 별로 없고
멀리 산 중턱에
조그만 암자가 보이는 곳
여기는 아무도 모를 것 같아
반세기를 이어온 인연 모두 끊어버리고
홀로 여생을 보내고 싶어지는 곳

여기서 내릴까
내려서 주저앉아버릴까
망설이는 사이에 호각 소리 울리고
기차는 천천히 움직이기 시작했다
차츰 멀어지는 그곳
몇 번이고 되돌아보면서 나는
또다시 기회를 잃어버렸다

옛 절

과수원 사이 언덕길로
절에 올라갈 때는 몰랐다
아득한 옛날
신라인들이 쌓아놓은 석축
위에 고즈넉한 절 마당
석등과 범종과 석탑
거기에 있을 줄은
몰랐다
의상대사가 밟고 다닌 돌계단
턱이 높고 가파른 그 돌계단
뚝 잘린 양쪽 가장자리에
보이지 않는
난간이 있을 줄은
몰랐다 선묘낭자 닮은
아미타여래의 무량수전 서쪽에
1300년 동안 공중에
바위가 떠 있을 줄은
몰랐다 옛 노래 되풀이해 듣듯

오래된 절 몇 번이고 찾아가
풍경 소리에 귀 기울여야 하는 것을
몰랐다
일주문 나와서 비탈길
내려올 때야 조금씩 다르게
보였다
길가의 사과나무 밭에
탐스럽게 익어가는 빨간 열매들

향나무 한 그루

가보셨지요 도산서원(陶山書院)
입구에 들어서며 곧장 왼쪽으로
높은 문턱 넘어 인사하듯 머리
숙이고 들어가 조선왕조 때 기숙사
농운정사(隴雲精舍) 툇마루 들여다보고
나와서 진도문(進道門) 지나
전교당(典敎堂)으로 올라가지요
가다가 혹시 오른쪽으로
앞마당 바깥 담장을 뚫고 비스듬히
서 있는 향나무 한 그루
보셨나요 빛바랜 바늘잎들 성글고
적갈색 가지들 멋대로 뻗어나간 이 나무가
300년 묵었다지요
오른쪽 앞마당 아니
역사의 뒷마당에서 홀로 살아온
이 못생긴 향나무가 서원의 동쪽을
향기롭게 밝혀주네요

남해 푸른 물

창밖으로 남해의 푸른
물 보인다
하늘과 바다가 맞닿은 수평선에
물고기 비늘처럼 반짝이는 햇빛
가끔 큰 화물선이 지나간다
파도 소리와 갈매기 노래
바람에 실려 바닷가 외딴 방
창문을 넘나든다
바다가 잔잔한 날은
영원이 어떤 색깔인지
보여주기도 한다
누워서 물을 바라보는 위안이
진통제처럼 편안할 때도 있다

원 달러

바다처럼 넓어 수평선 까마득한 호수
누런 흙탕물 가로질러 거센 물결 일으키며
관광객 10여 명 태운
모터보트가 달려간다
목제 어선에 폐차 핸들을 붙인
사제 유람선이다
수상 가옥과 갈대숲이 금방 멀어지고
배는 호수 한가운데 멈춰 선다
가이드가 항로를 설명하는 동안
작은 카누 한 척이 서둘러
유람선으로 다가온다
한 손에 아기를 안고
또 한 손으로 노를 젓는 엄마 옆에서
큰 뱀을 목에 감은 어린애가
손바닥을 벌리며 원 달러
원 달러…… 외쳐댄다
물 위를 떠돌며 사는
선상 난민 가족이다

관광객들이 미처 사진을 찍기도 전에
시동을 건 모터가 사나운
파도 일으켜 난민선 쫓아버리고
뱃머리를 돌린다 원 달러
원 달러…… 보트피플과
관광객들 사이의 유일한 통용어
원 달러가 모터보트 소음 속에
사라져버린다

시칠리아의 기억

아직도 미진한 듯 희뿌연 연기 뿜어대는
에트나 화산 바라보며 낙소스 포구에
배를 대고 가파른 해안 언덕길 올라갑니다
하루에도 몇 번씩 색깔이 바뀌는 이오니아 해
타오르미나*의 고대 원형극장 유적에
몇 개 남아 있는 그리스 기둥들
선글라스에 비치는 관광객 모습
눈길 끄는 것들 너무 많지만
사진 한 장 찍지 않고
바라보기만 합니다
추억을 만드는 대신
잠깐 발걸음 멈추고
얼마 남지 않은 시간이
돌아가자고 손짓하여 부를 때까지
그저 바라보기만 합니다
아무 증거도 남지 않은
시칠리아 여행의 기억이지요

* 이탈리아의 시칠리아 섬 동쪽 에트나 화산(3,340m)의 북단에 위치한 작은 도시(해발고도 206m). 기원전으로 거슬러 올라가는 오랜 역사와 지중해가 내려다보이는 아름다운 경관을 자랑한다.

지중해 항로

해 질 녘에 베니스를 떠나는
미국 유람선에서 국가처럼
울려 퍼지는 암스트롱의 노래
……What a wonderful world……
지중해 노을 진 바다를 바라보며
멋진 항로를 따라가는 동안
먹고 마시고 자고 바라보고 쇼핑하는
다섯 가지만 빼놓고
모두 전생의 일이다
핸드폰 꺼버리고
뉴스도 보지 않고
신문도 읽지 않는다
바다와 하늘
육지와 섬 찾아
떠다니는 배 위의 호텔에는
아무런 고민도 없다
친절한 서비스를 즐기며
이곳저곳 명소로 이끌려 다니는

편안한 여행 끝에
어느새 종착지에 도착하면
단순한 아름다움 가뭇없이 사라지고
관광 엽서 같은 증명 사진만 남는다
허망한 영상만 머릿속에 맴돈다

선상 박물관

높은 돛대 네 개나 솟은
큰 범선 한 척 부두에서 쉬고 있네
멀리 남아메리카 오고 가던 여객선
한 세기 전에 건조되었고
반세기 전에 퇴역했지만 아직도
옛 모습 그대로 있네
등불 화려한 여객 휴게실
바다가 시원하게 보이는 식당
옷장과 세면대가 아담한 침실들
화물과 원자재를 선적한 창고
화부들이 석탄을 때던 기관실
그리고 한구석에는 가축우리도 있네
소와 돼지와 양과 닭 산 채로
싣고 다니며 도축하여 신선한 고기
안주 삼아 포도주를 마셨다네
원양항해 도중에도 닭은 알 낳았고
아기 양과 새끼 돼지 태어났다네
움직이는 마을 통째로 타고 다녔던

선원과 승객 들 모두 세상 떠났지만
그 돛단배 지금은 박물관 되어
여전히 바닷물 위에 떠 있네
가끔씩 파도에 흔들리네

해변의 공항

고즈넉한 해변의 공항
파리를 오가는 소형 제트기가 하루에
네 차례 뜨고 내린다
지중해의 눈부신 햇빛
투명한 공기와 라벤더 향기 속에
은빛 날개가 바다 위로 날아오른다
11시에 통관대를 닫고 직원들은
점심 먹으러 나간다
비행 스케줄을 잘못 잡은 외국 승객
몇 명만 남아 대합실을 지키다가
2층 레스토랑으로 옮겨 앉아
오후 비행기 편 기다리며
프로방스 포도주를 맛본다
예정에 없이 한참 쉬어간 이곳을
여행객들은 나중에 관광 명소보다
오래 기억할지도 모른다

아이제나흐 가는 길

자동차 드문드문 달려가는
튀링겐 지방 도로
나지막한 언덕길 넘어갈 때마다
넓은 밀밭 내려다보이고
내리막길 주변에 과수원이 펼쳐진다
완만한 굴곡과 경사진 도로를 지나
아이제나흐*로 가는 길
전후좌우로 물결처럼 부드럽게 오르내리는
전원 풍경이 둔주곡을 들려준다
들판에서 일하는 농부들이
바흐를 닮은 듯 보이는 것은
나의 환각이라 해두자

* 독일 튀링겐 주의 고도. 중세의 기사들이 노래 경쟁을 벌였던 성,
루터가 성서를 번역했던 방, 바흐가 태어난 집이 이곳에 있음.

동굴 주점 에스터하지*

비엔나의 음산한 겨울 저녁
시청 광장의 성탄절 대목장에서
글뤼바인**으로 몸을 덥혀도 외투 속으로
축축하게 스며드는 추위 피할 수 없어
뒷골목 지하 주점을 찾아간다
땅속 깊이 가파른 계단을 내려가
출입문의 육중한 커튼을 비집고
동굴로 들어서면 동물들처럼
무리 지어 주객이 웅성거리는 지하 객장
벽돌 천장에 매달린 백열등
희미하게 어둠을 밝히고
담배 연기 자욱한 주점 곳곳에서
떠들어대는 여러 나라 말소리
훈제 돼지고기와 자우어크라우트***와 포도주 냄새
인간의 조상은 동굴에 살았던 것일까
번화가의 우아한 카페 뒤로하고
하필이면 이 어두침침한 동굴 술집 찾아와
밤늦도록 떠날 줄 모른다

구석 자리에서 촛불 밝히고 호이리게****
세 카라페***** 비우면서 우리도
한바탕 호기로운 관광객이 된다
비엔나의 외국인이 된다

   * 빈 도심의 헬덴플라츠 궁성 근처, 에스터하지Esterházy 빌딩 지하의 오래된 동굴 주점.
  ** 설탕, 꿀, 향료를 넣어서 따뜻하게 데운 레드와인.
 *** 시큼한 맛의 독일식 배추절임.
 **** 오스트리아의 햇포도주.
***** 술을 용량에 따라 옮겨 담는 배가 불룩한 유리병.

와인 코너에서

백화점이나 슈퍼마켓에서 자투리 시간이 생기면
와인 코너를 서성거립니다 (유럽에 있을 때지요)
여기 있군요 나의 단골 포도주 생-재르맹 보르도 쉬페리에
6.49유로*니까 요즘 우리 돈으로 대략 만 원 정도
맛에 비하면 값이 싼 편입니다 보세요
참나무통에서 숙성한 아펜탈러 슈패트 부르군더 1999년산
독일제 레드와인도 9.49유로나 되니까요
키안티 클라시코가 7.20유로
한국 음식에 잘 어울리는 시라즈도 싸지는 않습니다
남아공연방에서 온 더반빌 힐즈 시라즈 2000이 12유로
오스트레일리아산 로즈 마운트 시라즈 2002가 10.69유로
칠레 와인도 가격 경쟁력은 괜찮은 편이죠
산타 카롤리나(레제르바)도 2001년산이 6.99유로
심지어는 친환경 포도주도 있네요

바덴-바이써 부르군더 2.99유로……
포도주는 무조건 값이 비싼 것보다
자기 입맛에 맞는 것을 골라야 합니다
벌컥벌컥 많이 마시는 것보다
한 모금씩 음미하는 것이 중요합니다
이 수많은 포도주를 언제나 모두 맛볼 수 있을까요
인생은 짧고 마실 술은 많군요

* 환율: 1유로=1,555.76원(2011.1.26).

나이아가라

인천 국제공항에서 밴쿠버까지 AC편으로 10시간 15분 걸린다.

밴쿠버 근처에도 관광 명소는 많다. 브리티시 콜롬비아의 주도 빅토리아와 동계 올림픽 개최지였던 캘거리 근처까지만 갔다 와도 미주 대륙의 서북 지역과 캐나디안 로키 산맥 일대를 쏠쏠하게 돌아볼 수 있다.

그런데 또다시 비행기를 4시간 가까이 타고, 토론토나 버팔로까지 날아가는 까닭은 대개 나이아가라 폭포를 보기 위해서이다.

이리 호에서 온테리오 호 쪽으로 떨어져 내리는 이 거대한 폭포가 수많은 관광객을 미주의 동북 지역으로 끌어당긴다.

귀가 먹먹해지도록 엄청나게 쏟아져 내리는 물줄기 앞에서 소란스럽게 기념사진을 찍고, 물보라와 무지개 속에서 모험 유람선을 타고, 폭포의 맞은쪽 호텔에서 창문으로 이 장관을 바라본다. 15년 전이나 지금이나 변함없이 밤새도록 물안개를 피워 올리는 이

폭포수를 힐끔힐끔 쳐다보다가, 아쉬운 마음으로 발길을 돌려, 16시간 40분을 날아서 한국으로 돌아온다.

멋진 여행 상품을 소비하고 귀국하는 셈이지만, 장맛비 물난리로 전국이 수해를 당한 마당에 여장을 풀어놓으니, 참으로 고단하고 허탈하기 이를 데 없다.

그래도 시간과 여비를 아끼지 않고, 지겨운 장거리 비행과 귀찮은 짐 가방 꾸리기를 참고 견디며, 온 세상 방방곡곡으로 끌려다니는 사람들, 가까운 우리의 산과 들 버려둔 채, 먼 나라만 찾아다니고, 안을 들여다보는 대신 바깥만 열심히 내다보는 고객들, 소리 없이 도도하게 흘러가는 넓은 강물은 바라보지 않고, 급류와 폭포만 찾아다니는 관광객들을 요즘은 구태의연하게 나그네라고 부르지 않는다.

다리 저는 외국인

외국에 가면 누구나 외국인이 된다
여행 떠나기 전에 다친 왼쪽 무릎은
두 주일이 지나도 낫지 않았다
너무 멀리 왔나
아픔을 참으며 외국 행사를 치르고
몰스도르프* 성관을 방문했을 때
고대 석비(石碑) 전시장 미로에서
그리스 조각 모조품을 보았다
제대로 돌보지 않아 퇴락한
헤르메스 신의 왼쪽 다리는 부서진 채
철심만 남아 있었다
절뚝거리며 여기까지 찾아온
외국인의 왼쪽 다리 같았다
사라진 동독의 과거가 아니라
스스로 낡은 조각이 되어가는
나의 미래가 보였다

* Schloss Mohlsdorf. 독일 튀링겐 주의 수도 에어푸르트 남쪽에 있는 옛 성관.

제5부 쉼

쉼

죽을 때까지 이어지는
삶은 끊임없는 연속입니다
쉴 새 없이 뛰는 심장
숨 쉬는 허파
가슴속에 품은
사랑도 그렇지 않은가요
산책을 하다가 피곤하면
길가의 벤치에 앉아 잠시
쉬어가듯이
우리의 삶도 사랑도 그렇게
가끔 쉴 수 있다면
좋으련만

어둠이 손짓하던 날

서대문 출판사로 나와달라는
전화였다 한참 후에 깨달았지만 그것은
전 선생의 목소리였다 머리맡의
핸드폰을 더듬다가 잠이 깬 시각은
꼭두새벽
휴대전화기가 나오기 훨씬 전에 그는
이미 세상을 떠났는데……

그날 낮에는 대학원에서 나를
도와주었던 한 조교가 전화를 했다
이상한 꿈을 꾸었는데
별고 없으시냐고 물었다
아마 내가 죽었다는 소문이라도 들은
모양이었다 별일 없을 때는
아무 연락도 없기 마련이니까……

밤에는 신수동 근처에서 모임을
끝내고 사거리 건널목으로 들어서다가

전신주 기둥뿌리에 걸려
넘어졌다 누가 볼까 봐
황급히 일어서는 순간 푸른 신호등이
꺼지며 성급한 택시 한 대가 어둠 속에서
달려 나왔다 하마터면……

갚을 수 없는 빚

내가 게을렀던 탓이다
한 번 나가기 시작하면
붙들릴 것만 같아 회비만
송금하고 한 번도 나가지 않았다
그 모임의 사무장과
몇 차례 통화만 했다
원고 청탁 아니면
회의 참석 확인 전화였다
맑고 부드러운 목소리만 들었지
한 번도 만나본 적 없는데
그 자원봉사자가 갑자기
세상을 떠났다고 한다
한 번만 나가서 그와
악수를 나누었어도
후회가 되지는 않을 것이다
갚을 수 없는 빚을 나에게
남겨주고 그는 고인이 된 것이다
설명할 수 없는 이 부끄러움
내가 게을렀던 탓이다

하루 또 하루 2

아무것도 숨길 필요 없는
가까운 벗 나의
온갖 부끄러움 속속들이 아는 친구
또 한 명이 떠나갔다 그렇다면
나의 부끄러움 그만큼 가려지고
가려진 만큼 줄어들었나
아니다
이제는 그가 알고 있던 몫까지
나 혼자 간직하게 되었다
내 몫의 부끄러움만 오히려 그만큼
늘어난 셈이다
기억의 핏줄 속을 흐르며
눈 감아도 망막에 떠오르는
침묵해도 귓속에 들려오는 그리고
지워버릴 수 없는
부끄러움이 속으로 쌓여
나이테를 늘리며
하루 또 하루
나를 살아가게 하는가

위험한 마음

전쟁과 혁명과 좌절의 세월
굶주림과 두려움과 억눌림 무릅쓰고
주먹만 한 심장 하나로
70년 두근두근
아직도 1분에 60번 이상 뛰는 맥박
기특하기 그지없다 하지만
이것이 나의 능력인가
식민지의 아편 같은 담배 연기와
분단국가의 부끄러운 폐병
끈질기게 견뎌낸 두 개의 허파로
들숨 날숨 70년
한 번도 거르지 않고 숨 쉬며
살아왔다 하지만 이것이
과연 나의 업적인가
어리석은 생각 떠오를 때마다
숨 가쁘고
가슴 답답하다
언젠가 틀림없이 멈춰버릴

심장과 허파를 믿고 비좁은
몸에 갇혀 사는 갑갑함
점점 참기 힘들어 이제는 홀가분하게
벗어나고 싶다 몸을
떠나고 싶은 위험한 마음
이것은 누구의 하얀 꿈인가

꿈속의 엘리베이터

엘리베이터는 비어 있었다
B4를 누르고 잠깐
어두컴컴한 직육면체 공간 속에
혼자 서 있었다
엘리베이터가 멈추고
자동문이 열릴 차례였다
그러나 열리지 않았다
아무리 기다려도
열리지 않았다
열림 버튼을 누르려 했지만
어두워서 보이지 않았다
손으로 더듬어보았으나
아예 버튼이 없었다
사라져버렸다
세상에 이럴 수가
문을 두드려도 소용없었다
핸드폰도 가지고 있지 않았다
캄캄한

꿈에서 깨어나기를
기다리는 수밖에

회색 사진첩

외딴섬을 오고 가는 페리선
난간에 기대어 둘이서 찍은 사진
땅끝과 바다를 먼 배경으로
남동풍에 머리칼 휘날리는
두 얼굴
멀어져가는 포구
다가오는 섬
전화도 되지 않고
이메일도 보낼 수 없는 곳
시간이 멈춘 그 섬으로
건너가버린 그의 모습
바다를 사이에 두고
만났다 헤어진 한순간
그와 나의 생애가
닿았던 자리
인화된 기억의 저편에서
저승에서 이승을 건너다보는 듯
나를 바라보는 고인*의

그윽한 눈길
이제는 피할 수 없어
오랫동안 마주 바라볼 수 없어
잠깐씩 펼쳐 보고
다시 덮는 지난날

* 소설가 홍성원(1937~2008).

미백 영전에

편안히 눈감은
자네 앞에서 통곡하는 대신
조시를 읽게 될 줄은 몰랐네
미백(未白)*
어릴 때 굶주림에 시달리고
전짓불의 공포에 떨며 자란 우리는
그래도 온갖 부끄러움 감추지 않고
한글로 글을 써낸 친구들 아닌가
문리대 앞 계단이 삐걱대는 2층
학림다방에서 차 한잔 시켜놓고
온종일 묵새기며
시를 쓰고 소설을 읽었지
겨울날 연탄난롯가에 둘러앉아
자네가 읽어주던 「퇴원」의 초고에
귀 기울였던 청년들이 오늘은
자네가 퇴원하는 이 자리에
늙은 조객으로 모였네
자네의 잔잔한 말소리와

조숙한 의젓함
얼마나 오랜 세월 안으로 안으로
아픔을 삼키고 다져야
그렇게 정겨운 웃음이 배어 나오는지
그때는 미처 헤아리지 못했네
사랑이 부르는 소리 들려오기도 전에
글쓰기를 시작해 한 편 두 편
세 권 네 권 마침내 40여 년간
묵직한 책으로 울창한 숲을 만들었네
오직 언어의 힘으로
글 읽는 영혼마다 깊숙이 깃들었고
멀리 독일과 미국과 프랑스에도
서두르지 않고 겸허하게
한국문학의 묘목을 옮겨 심었지
바트 호네프** 성당 문밖 어둠 속에서
줄담배 피우며
어머니의 마지막 길 근심하던 자네
포도주를 홀짝홀짝 마시며 밤새도록

조곤조곤 들려주던 이야기
얽히고설킨 말의 실타래 풀어나간
글쟁이의 눈과 입을 우리는
기억하네
서울 한구석 낡은 집 퇴락한
기와지붕 내가 고치는 동안
자네는 세상이 담긴 큰 집을 지었군
원고지를 한 칸씩 메워 자네의 필적으로
집과 언덕과 산과 강을 만들었군
눈길 걸어 떠난 고향으로
매미 울어대는 숲 속으로 자네는
말없이 돌아가는가
회진면 진목리 갯나들
바닷가에 지은 새 집으로
학처럼 가볍게
날아드는가
미백
아쉽게 남기고 간 자네의 앞날

자네의 온기가 남은 그 자리
오늘 여기서 살아가면서 우리는
자네를 생각하고
후손들과 더불어 끊임없이
자네 이야기
나눌 것이네

 * 소설가 이청준(1939~2008)의 아호.
** 독일 노르트라인-베스트팔렌 주, 라인 강변의 작은 휴양 도시.

바닷가 무덤

섭씨 33도 뜨거운 한낮 햇볕 아래
고인을 추모하는 100여 명
문학인들이 모여
점심도 굶은 채
전집 두 권과 술 한잔 올렸다
살풀이춤 보여주고
판소리 들려주었다
무덤 뒤쪽 높은 언덕에
공장처럼 큰 외양간이 들어서서
소 몇 마리 사람들 내려다보며
두엄 냄새 풍겼다
이제 명소가 된 갯마을 바닥에
우람한 미백바위와
우뚝 선 글 기둥
무덤 앞쪽 훤히 트인
득량만 바다에서 뭍으로
부드러운 해풍이 불어왔다
빙긋이 웃는 넋 어루만지듯

어제가 되어버린 오늘

귀에 익은 목소리 들린 것 같아
뒤돌아보니 저기서 그가 손짓하네
—오래간만이야
악수를 건네려고 반갑게 다가서보네
그러나 다가갈 수 없네
밀랍 인형처럼 한자리에 서 있는 그와
나 사이의 거리는 좁혀지지 않네
하룻밤 사이에 생긴 간격
어제가 되어버린 오늘
안타깝게 마주 바라보지만 우리는
서로 육성으로 말할 수 없네
유현한 시공 속에 잠시 공존할 뿐
기억의 강물 건너편에 그는 바위처럼 서 있고
나는 혼자서 자맥질하며 떠내려가고 있네
가위눌린 꿈도 아닌데 지금
가슴 답답하고 숨 막히는 이곳에서
어제의 그 모습과 아쉽게 헤어지네

종심(從心)

까치와 비둘기와 직박구리
매미와 쓰르라미
여치와 베짱이와 귀뚜라미
이른 아침부터 한밤중까지 온종일
울어댔다 (울음이
듣기 싫으면 서양식으로
노래라고 하자) 이 노래
소리 없다면
체온과 맞먹는 한낮의 무더위
어떻게 견딜 수 있을지
허덕허덕 말복을 넘겼다
텃새와 벌레들이 합주하는
사랑의 노래도 없고
물기도 마르고 햇빛도 가녀린
계절들 어떻게 살아왔는지
폭설 30센티미터 내려 쌓인
영하 15도의 소한 추위 겪으며
2천만 대의 자동차 매연과

4천만 대의 핸드폰 소음 속에서
참으며 견뎌온
613,200시간
끔찍한 세월 오래 살고도
죽음이 두려운 나이

물기 2

생전에는 미처 몰랐다
그*가 떠난 뒤 그러나
조그만 두 눈에서
웬 눈물 이처럼 참을 수 없이
흘러나오는지
비방과 욕설과 고함 쏟아내던
그 험한 입들 온통 일그러지며
웬 울음 이처럼 억누를 수 없이
터져 나오는지
눈 감고
입 다물고
가만히 있을 수 없어
혼자서 기도할 수도 없어
수십만 인파가 조용히 모여들었다
실핏줄 깊숙이 스며들어
가슴속으로 하염없이 번지는
눈물과 울음
아낌없이 그가 나누어 주고 간

사랑의 물기

아닐까

* 김수환 추기경(1922~2009).

몰년(沒年)

죽은 이는 그해까지 살았습니다
예측 못한 미래를 끝내고
사후(死後)를 남긴 셈이지요
끝없이 이어지는 시간 …… 나머지는
괄호 안의 빈칸 속에서
갑갑한 줄도 모르고 살아가는
산 자들의 몫입니다

| 해설 |

약한 존재의 시학
—시인의 열번째 시집에 부쳐

김 태 환

1. 약한 존재와 강한 존재

 김광규의 시는 약한 존재들에게 바쳐진다. 약한 존재란 무엇인가? 그것은 무(無)에 근접한 존재, 무의 미덕을 갖춘 존재, 자기가 없는 듯이 물러남으로써 타자가 숨 쉴 수 있게 만들어주는 존재이다. 이를테면 "현무암 화산석으로/얼기설기 쌓아놓은 돌담" "돌멩이 사이로 숭숭/구멍이 뚫려 있기 때문"에 "절대로 쓰러지지 않는 돌담"(「물뫼의 집」) 같은 것. 이 세계는 약한 존재들이 많아질수록 더욱 살 만한 곳이 된다는 것이 이번 시집(이번 시집뿐만은 아니지만)이 주는 인상적 전언 가운데 하나라고 나는 생각한다.
 약한 존재에 대비되는 것은, 너무나 당연하게 들릴지 모르지만, 강한 존재다. 강한 존재는 오직 존재로만 꽉 차

있어서 무라는 것을 이해하지 못하며, 자신의 자리에 요지부동으로 버티고 앉아서 자신을 긍정하도록 타자에게 강요하고, 타자의 존재 권리를 침해한다. 시인은 우리가 살고 있는 문명을 강한 존재를 지향하는 문명, 즉 그 속에 살고 있는 인간을 강한 존재가 되도록 몰아대는 문명으로 파악한다. 그리하여 강한 존재들의 악다구니 속에서 약한 존재들은 파묻히고, 잊히고, 심지어 멸종의 위기에 빠지게 된다. 김광규의 문명 비판적인 목소리는 이러한 인식에서 울려 나온다.

2. 육성에서 확성기로

약한 존재와 강한 존재라는 대립쌍을 설정하면, 김광규의 시에서 각각의 대립항에 귀속되는 존재들의 계열을 어렵지 않게 만들어볼 수 있다. 예컨대 시 「생선 장수 오는 날」에 나오는 "확성기를 장착한 생선 행상차"는 명백히 강한 존재에 속한다. 반면 시인의 다른 시집에 실린 시 「듣고 싶은 입」(『가진 것 하나도 없지만』, 문학과지성사, 1998)에서는 장사꾼의 확성기 소리와 대조적인 또 다른 장사꾼의 소리를 들을 수 있는데, 그것은 약한 존재의 계열에 포함시킬 수 있을 것이다. 이 시에서 독일 체류 중 독일 음식이 지겨워진 시인은 한국 음식을 찾아 먹어보아도 만족을 느끼지 못한다. 그러다가 깨닫는다.

> 조선오이, 알타리무, 새우젓, 물오징어와 먹갈치, 메밀묵
> 과 찹쌀떡 따위는
> 먹고 싶은 것이 아니라
> 창밖을 지나가는 소리로 듣고 싶었다.
> ―「듣고 싶은 입」 부분

그가 그리워한 것은 단순히 한국의 먹을거리뿐만 아니라 그것을 파는 장사치들의 외침 소리이기도 했던 것이다. 그러나 생선 행상 차의 확성기에서 울려 나오는 "80데시벨이 넘는 요란한 소리"에 대한 시인의 반응은 이와 사뭇 다르다. 그 소리는 시인의 "귓속으로 쑤시고 들어"오며, 시인은 그 소리를 "견디다 못해 두 손으로 귀를 막"는다. 그리운 마음을 불러일으키는 소리와 귀를 쑤시고 들어와 두 손으로 귀를 막을 수밖에 없도록 만드는 소리 사이에는 어떤 차이가 있을까? 그것은 표면적으로 육성과 확성기에 의한 인공적 소리 사이의 차이이며, 근본적으로는 약한 소리와 강한 소리의 차이이다. 오늘날에는 거의 들을 수 없게 된 알타리무 장수나 찹쌀떡 장수의 목소리는 우선 생선 행상 차의 확성기 소리보다 훨씬 더 작아서 듣는 이의 귀를 괴롭히지 않았다. 그뿐만이 아니다. 그들의 소리는 단순히 물건을 사라는 외침이 아니라 멜로디와 리듬을 갖춘

짧은 노래였다. 그들은 그저 물건을 팔기 위해 소리를 지른 것이 아니라 사람들에게 노래를 들려주며 다녔던 것이고, 그들의 노래는 시인의 기억 속에 그들이 팔고 다닌 먹을거리들의 맛의 일부로, 들리는 맛으로 남게 되었다. 그것은 듣는 사람의 평화를 깨뜨리지 않으면서 그의 마음에 겸손하고 부드럽게 다가가는 소리, 그렇기 때문에 잊을 수 없고 그리워하게 되는 소리, 즉 약한 소리였던 것이다. 그렇다면 생선 행상 차의 확성기 소리는 어떠한가? 그 차가 등장하는 순간 "순식간에/온 동네가 시끄러워"진다. 이와 함께 "집집마다/담을 넘고 창문을 열고 각종 해산물이/쳐들어"온다. 확성기 소리는 "창밖을 지나가는 소리"가 아니라 창을 열고 귓속으로 침입해오는 폭력적인 소음, 듣고 싶지 않아도 거기서 벗어날 수 없으며, 지나간 뒤에도 지워지지 않는 비릿한 죽음의 냄새를 남기고야 마는, 그런 소리다.

> 시끄러운 확성기 소리 멀어져가고
> 메아리처럼 풍기는 생선 비린내
> 아무리 씻어도 없어지지 않습니다
> 천천히 죽어가는 우리들의 냄새처럼
> ─「생선 장수 오는 날」 부분

거기에는 타자의 영역을 마구잡이로 침범하고 유린하면

서까지 자신의 존재를 가장 빠르고 손쉬운 방법으로 각인하려고 하는 거친 욕망만이 있을 뿐, 타자에게 조심스럽게 접근하는 윤리적 배려도, 타자의 마음속에 천천히 스며들고자 하는 미적 배려도 찾아볼 수 없다. 확성기의 폭력적 소음은 조선오이, 새우젓, 알타리무 장수의 약한 소리를 몰아내고, 길거리를, 마트를, TV를, 온 세상을 점령한 것처럼 보인다. 이제는 강한 소리, 강한 존재가 되지 않으면 그 누구도 쳐다보지도 들어주지도 않을 것이다. 약한 소리, 약한 존재를 어떻게 구원할 것인가? 그것이 김광규의 시적 과제가 된다.

3. 기척

고요함과 소란을 양극단에 둔다면, 약한 존재는 고요에 가깝다. 소란한 세계 속에서 고요에 가까운 약한 존재들은 마치 존재조차 하지 않는 것처럼 파묻혀버린다. 그러나 겉보기와는 달리 완전한 침묵에 잠겨 있는 것은 아니다. 그들도 우리에게 그들 나름의 미묘한 신호를 통해 자신의 존재를 알려온다. 시인은 약한 존재들의 들릴 듯 말듯 한 신호에 예민하게 반응해야 한다. 「능소화」를 읽어보자. 시인은 어느 여름날 오후 골목길을 걷고 있다. 어디서 "해피 버스데이 노래를/서투르게 흉내 내는/바이올린 소리"가

들려온다. 결코 편안한 소리는 아니었을 것이다. 그것은 위에서 말한 바와 같은 '약한 소리'가 아니며, 세계의 소란을 이루는 한 요소로 보아야 할 것이다. 그런데 그 와중에서 예기치 않게 미약한 신호가 전해져온다.

> 누군가 내 머리를 살짝 건드린다
> 담 너머 대추나무를 기어올라가면서
> 나를 돌아다보는
> 능소화의
> 주황색 손길
> 어른을 쳐다보는 아기의
> 무구한 눈길 같은 ―「능소화」 부분

능소화는 사람이 보든 말든 그냥 피어 있는 것이 아니다. 그것은 길을 걷고 있는 시인에게 신호를 보낸다. 마치 자기를 보아달라는 듯이. 여기서 핵심은 능소화가 자기를 보아달라고 억지로 시인을 붙잡은 것이 아니라 말을 건네기 수줍은 듯이 그저 시인의 머리만을 살짝 건드린다는 데 있다. 특히 "살짝"이라는 부사가 중요한데, 왜냐하면 그것이야말로 약한 존재의 특징적 표지이기 때문이다. 길을 걷는 데 조금도 방해가 되지 않았을 이 미약한 신호에 걸음을 멈추고 반응한 것은 커다란 보상으로 돌아온다. 고개를 들었을 때 시인은 "아기의/무구한 눈길 같은" 주황색 능소화를 발견하고 그와 교감하는 기쁨을 맛보는 것이다.

약한 존재가 보내오는 이런 미묘한 신호를 시인은 "기척"이라고 부른다. 시인은 곳곳에서 이런 기척을 느낀다.

> 댓돌에 한 발 올려놓고
> 헌 신발 끈 조여 매는데
> 툭
> 등 위로 스치는 손길
> 여름내 풍성했던 후박나무 잎
> 커다란 낙엽이 되어 떨어지는
> 가을 나무의 기척 ——「나무의 기척」 전문

기척이란 국어사전의 정의에 따르면 "사람이 있는 것을 상대에게 전하려는 의도로 내는 소리나 기색"이다. '기척'은 '존재의 징후'인데 그 징후는 스스로의 존재를 알리고자 하는 '의사소통적 의도'에 의해 생산되는 것이다. 사실 '징후'와 '의사소통적 의도'의 결합은 다소 모순적이다. 징후가 자연 발생적 성격을 지닌다면, 의사소통적 의도는 보통 인위적 기호를 통해 실현되기 때문이다. 자신의 존재를 알리기 위해서는 "나 여기 있다!"라고 말하는 것이 가장 확실하다. 그런데 사람들은 왜 때로 가벼운 헛기침과 같은 것으로 기척을 냄으로써 자기를 알리는 것일까? 그것은 상대를 방해하거나 놀라게 하지 않으면서 그에게 다가가고

자 하기 때문이다. 즉 기척은 바로 약한 존재의 의사소통 방식인 것이다. 시인은 나무 역시 그러한 마음에서 기척을 낸다고 느끼는 것 같다. 그가 "나무의 기척"이라고 말할 때, 그 표현 속에는 나무가 누군가에게 자신의 존재를 알리는 신호를 보낸다는 의미가 함축되어 있다. 하지만 그 신호는 매우 간접적이고 징후적이어서 그 뒤에 그런 의도가 숨어 있다는 것도 잘 감지되지 않을 정도이다. 낙엽이 떨어져 등을 스치고 지나가는 데 대체 무슨 뜻이 있을 수 있겠는가? 약한 존재가 보내는 신호인 기척은 사람들에게 간과되거나 무시되어버리기 쉽다. 하지만 시인은 그 신호를 놓치지 않는다. 떨어지며 등 위를 스치는 후박나무의 낙엽에서 그는 자기를 향해 말을 건네려 하는 가을 나무의 손길을 느끼는 것이다.

4. 너의 발견

기척을 느낀다는 것은 단순히 어떤 존재가 저기 있구나 하고 인식하는 데 그치지 않고, 그것이 내게 손을 내밀고 눈길을 던지고 말을 건네는 존재임을, 그리하여 그것이 나와 함께 존재하고 있음을 깨닫는다는 것을 의미한다. 다음 시는 이러한 깨달음에 관한 것이다.

복실이가 뒷다리로 일어서서
창틀에 앞발 올려놓고
방 안을 들여다본다
집 안이 조용해서
아무도 없는 줄 알았나 보다
오후 늦게 마신 커피 덕분에
밀린 글쓰기에 한동안 골몰하다가
무슨 기척이 있어
밖으로 눈을 돌리니
밤하늘에 높이 떠오른
보름달이 창 안을 들여다본다
모두들 떠나가고
나 홀로 집에 남았지만
혼자는 아닌 셈이다   ─「나 홀로 집에」 전문

  이 시에서 "들여다본다"라는 단어의 반복은 복실이와 보름달 사이의 대응 관계를 수립하며, 이에 따라 우리는 시 전체를 크게 두 부분으로 이루어진 변주 형식으로 파악할 수 있다. 전반부는 1행에서 5행까지, 후반부는 6행에서 마지막까지다. 복실이나 보름달이나 창을 통해 방 안을 들여다본 것은 마찬가지지만 전반부와 후반부 사이에는 그 외에 흥미로운 차이점들이 발견된다. 우선 전반부와 후반부는 시간적인 면에서 낮과 밤으로 대조를 이루고 있다.

전반부가 표면적으로 방을 들여다보는 복실이에 대해서만 이야기하고 있는 반면(복실이가 방 안을 들여다보다가 발견한, 그리고 그러는 복실이를 바라보는 '나'는 언급되지 않은 채 암묵적으로 전제되어 있을 뿐이다), 후반부에서는 창 안을 비추는 보름달을 느끼고 바라보는 '나'가 부각된다. 그리하여 어떤 의미에서는 복실이와 보름달이 아니라 복실이와 '나' 사이에 대응 관계가 성립하는 것처럼 보인다. 즉

    복실이:나 ∽ 보름달:나

대신

    복실이:나 ∽ 나:보름달

로 이해할 수 있는 가능성이 있다는 것이다. 이런 해석 가능성은 4~5행과 13~15행의 대비를 통해 뒷받침된다.

    집안이 조용해서
    아무도 없는 줄 알았나보다

    모두들 떠나가고
    나 홀로 집에 남았지만
    혼자는 아닌 셈이다

복실이는 집에 아무도 없는 줄 알고 방 안을 기웃거린다. 하지만 뜻밖에 방 안의 주인과 눈이 마주친다. 착각을 깨닫는 순간이다. 복실이는 집에 저 혼자인 줄 알았는데 실은 혼자가 아니었다. 유사한 깨달음이 시의 마지막 부분에서 시인 자신에게 일어난다. 시인은 다른 식구들이 다 떠나고 자기 혼자 외롭게 원고에 몰두하고 있다고 생각했다. 하지만 창을 통해 들여다보는 보름달을 발견하고 혼자가 아니었음을 깨닫는다. 시인 자신의 착각과 깨달음은 복실이의 착각과 깨달음 속에 예고되어 있었던 것이다.

여기서 보름달의 발견은 단순한 대상, 즉 '그것'의 발견이 아니라 나와 함께 존재하는 것, 다시 말해 너의 발견이다. 이 발견이 기척에서 시작됐다는 진술은 바로 그런 의미를 함축하고 있다. 시인에게는 나무뿐만 아니라 보름달도 기척을 낸다.

무슨 기척이 있어
밖으로 눈을 돌리니

달이 보낸 불확실하고 미묘한 신호에 반응하면서, 혼자였던 시인은 더 이상 혼자가 아니게 된다. 서로 바라볼 수 있고 기척을 통해 교감할 수 있는 동반자 달의 존재를 깨달았기 때문이다.

5. 시, 시인의 기척

 백남준은 달을 가리켜 세상에서 가장 오래된 텔레비전이라고 했지만, 달이 텔레비전이라면 오늘날처럼 온갖 현란한 동영상들이 편재하며 사람들의 시선을 잡아끄는 시대에는 설사 가장 밝은 보름달이라 하더라도 아주 약한 텔레비전일 것이다. 시인은 이 중고 텔레비전의 극히 미약한 신호를 받아 해독해냄으로써 그것을 망각과 무시의 늪에서 건져 올린다. 약한 존재의 구원이라는 시적 과제가 성취되는 순간이다.

 그런데 여기서 다음과 같은 질문이 떠오른다. 약한 신호를 해독하는 자, 약한 존재를 건져 올리는 시인은 누구인가? 그 자신은 약한 존재인가, 강한 존재인가?

> 광장 가설무대의 조명과 소음이
> 참을 수 없이 망막과 고막을 찢어대는 저녁
> 시청 앞 광장 잔디밭에서 마주친 그
> 노시인은 온기 없는 손으로
> 악수를 건넸다
> 걷기조차 힘든 육신을 무겁게 끌고
> 어둠 속으로 천천히 멀어지는 모습
> 되돌아보니 50년 전에 산

> 책 한 권 이제는 겉장이
> 너덜너덜 낡아버린 그의 시집
> 서명이라도 받아둘 것을
> 싸늘한 늦가을 밤 낙엽처럼
> 떨어질 듯 자칫 땅에 닿을 듯
> 힘겹게 날아가버린 가을 나비 　　—「가을 나비」전문

 이 시에서 강한 존재와 약한 존재의 대조를 찾아내는 것은 어렵지 않다. 한편에 "망막과 고막을 찢어대는" "광장 가설무대의 조명과 소음이" 버티고 있다면, 그 반대편에 "걷기조차 힘든 육신을 무겁게 끌고/어둠 속으로 천천히 멀어지는" 노시인과 "겉장이/너덜너덜 낡아버린 그의 시집"이 있다. 폭력적인 강력한 빛과 소리 앞에서 힘없는 노시인의 존재는 한없이 왜소해진다. 하물며 "50년 전에 산" 그의 낡은 시집이 보내는 신호도 가물가물할 뿐이다. 게다가 온기 없는 손은 이 노시인이 죽음과 무의 세계에 접근해가고 있음을 말해준다. 그럼에도 불구하고 그는 세심하고 따뜻한 시선 속에 놓여 있으며, 휘정휘정 사라져가는 노시인의 뒷모습은 그 시선을 통해서 "싸늘한 늦가을 밤 낙엽처럼/떨어질 듯 자칫 땅에 닿을 듯/힘겹게 날아가버린 가을 나비"라는 애틋하고도 아름다운 이미지를 얻는다. 가을 나비는 가을 나무처럼 구원되어야 할 약한 존재의 상징이다.

그런데 여기서 김광규가 구원하고자 하는 약한 존재는 그 자신과 그다지 다르지 않은 자, 즉 또 다른 시인이다. 문제는 시인이 시인을 구원하는 것, 시로써 시를 구원하는 것이다. 주체와 대상의 동일성은 주체로서의 시인이 묘사하는 "가을 나비" 같은 노시인의 모습이나 "겉장이 너덜너덜"한 낡은 "시집"의 이미지가 주체 자신에게도 투영될 수 있음을 의미한다. 즉 시인은 어떤 의미에서 자기 자신에 관해 이야기하고 있는 것이고 자기 자신을 약한 존재로 묘사하고 있는 셈이다. 그렇다면 시는 시인이 내는 약한 소리, 또는 시인의 기척이라고도 할 수 있을 것이다.

이어지는 문제는 이런 것이다. 지금 말한 것처럼 시인이 약한 존재이고 시가 시인의 미묘한 기척이라면, 망막과 고막을 찢을 듯한 현란한 조명과 소음이 지배하는 세상에서 시인이 어떻게 자기를 닮은 시인과 그의 시를, 더 나아가서 다른 모든 약한 존재들을 구원할 수 있겠는가? 그들을 망각과 무시의 늪에서 건져내다가 자기 자신마저 그 늪에 빠져버리지 않겠는가? 존재의 미세한 기미를 포착하여 노래했지만 그 노래도 폭력적인 확성기 소리에 파묻혀버린다면? 약한 존재를 구원하고자 하는 시는 적어도 포클레인이나 현란한 조명에 맞설 수 있을 만큼 강력한 신호를 발해야 하는 게 아닐까?

6. 언뜻 열린 틈새

하지만 이 문제는 처음부터 잘못 제기된 것인지도 모른다. 파묻혀 망각된 것을 발굴하여 소란스러운 세상에 내놓는 것이 시인이 생각하는 구원은 아닐 것이기 때문이다. 외면되고 망각되고 파묻혀 있다는 것 자체가 약한 존재의 징표로서 그것을 가치 있게 하는 데 기여한다. 그러니 약한 존재를 다루는 시인도 그것을 함부로 파헤쳐대서는 안 된다. 이것이 여기 있다! 내가 이것을 발견했다! 이것을 좀 봐라! 시인은 결코 이런 식으로 목소리를 높이지 않는다. 만일 시가 강한 소리가 된다면 시 속에 다루어지는 약한 존재도 그 위세에 의해 변질되고 파괴되고 말 것이다.

우리는 이 시집 곳곳에서 파묻혀 있는 것, "낯선 간이역"처럼 뒤편으로 밀려나 사람들에게 잘 알려져 있지 않은 것에 대한 이야기를 듣는다. 그것은 사람들이 일부러 찾아나서게 되는 대상이 아니며, 뜻하지 않은 순간에 우연한 계기를 통해서 그 모습을 드러낸다.

고즈넉한 해변의 공항
빠리를 오가는 소형 제트기가 하루에
네 차례 뜨고 내린다
지중해의 눈부신 햇빛

투명한 공기와 라벤더 향기 속에
은빛 날개가 바다 위로 날아오른다
11시에 통관대를 닫고 직원들은
점심 먹으러 나간다
비행 스케줄을 잘못 잡은 외국 승객
몇 명만 남아 대합실을 지키다가
2층 레스토랑으로 옮겨 앉아
오후 비행기 편 기다리며
프로방스 포도주를 맛본다
예정에 없이 한참 쉬어간 이곳을
여행객들은 나중에 관광 명소보다
오래 기억할지도 모른다 ─「해변의 공항」 전문

  해변의 공항은 여행객들이 본래의 목적지로 가기 위해 잠깐 거쳐가는 곳일 뿐이다. 그곳은 사람들로 하여금 "지겨운 장거리 비행과 귀찮은 짐 가방 꾸리기를 참고 견디며"(「나이아가라」) 끌려다니게 만드는 나이아가라 폭포 같은 명소가 아니다. 나이아가라 폭포가 강한 곳이라면, 관광객들이 잘 들어본 적이 없는 소도시 툴롱에 있는 해변의 공항은 약한 곳이다. 몇몇 외국 여행객들만이─시인 자신도 그중 한 사람일 터인데─ 비행 스케줄을 잘못 잡은 바람에 발이 묶여 예정에 없이 비교적 긴 시간을 이 낯선 곳에서 머물게 되었을 뿐이다. 그런데 바로 그런 우연한

실수가 빈틈없이 꽉 짜여져 있는 여행 일정에 제주도 돌담의 바람구멍 같은 숨 쉴 틈을 주고 약한 존재가 보내오는 신호에 반응할 수 있는 마음의 공간을 열어준다. 그때 시인은 이 작고 한산한 공항이 제공하는 아름다운 빛에 눈을 뜬다. 그리고 그곳이 원래 여행 일정에 따라 일부러 찾아다닌 관광 명소보다 더 오래 기억에 남을 것이라고 생각한다.

그러면 시인은 툴롱의 공항을 "지중해의 눈부신 햇빛"과 "프로방스 포도주"를 음미할 수 있는 멋진 쉼터로 많은 사람들에게 널리 알리고자 하는 것일까? 당연히 그렇지 않다. 그를 매혹시킨 것은 무엇보다도 이 공항의 고즈넉함과 한산함이고 예정에 없이 주어진 한가로운 시간이기 때문이다. 다시 말해서, 그가 거하고 있는 시공간이 묻혀 있어서 잘 드러나지 않는 약한 시공간이기 때문이다. 그러니 시인의 욕망은 파묻혀 있는 것을 캐내어 밝히는 것이 아니라, 언뜻 열린 틈새를 통해서 숨어 있는 세계 속으로 침잠해 들어가 그 세계의 일부가 되는 것, 그리하여 그것과 교감하며 행복을 맛보려는 것이다. 낯선 간이역에 내려 홀로 여생을 보내고자 하는 욕망도 여기서 비롯된다.

그렇다면 애초의 명제는 전도된다. 시인이 약한 존재를 구원하는 것이 아니라 약한 존재가 시인을 구원하는 것이다.

7. 소음 속의 고요

약한 존재는 사실 전혀 약한 것이 아니다. 강한 존재들, 그리고 그들이 만들어내는 시끄러운 소리가 온통 세상의 표면을 뒤덮고 지배하고 있는 것처럼 보이지만, 정작 이 세계가 계속 명맥을 이어갈 수 있는 것은 그 이면에 숨겨져 있는 약한 존재들 덕택이다. 이를테면 이 거대한 도시를 지탱하는 것은 고층 아파트가 아니라 "의주로와 모래내 길과 연희로 사이에/고층 아파트로 둘러싸여/비좁은 삼각주처럼 남아 있는 산"(「청설모 한 마리」)이라고 시인은 말하는 듯하다. 그리고 도심 속에 갇힌 고은산은 그대로 오늘날 시의 이미지이기도 하다. 소음 속에 파묻혀 잘 들리지 않게 된 고요. 우리는 이 고요를 들을 수 있어야 한다. 그것이 우리의 구원이다.